Tobias Molsberger

Theorien der Erziehung, Bildung und Sozialisation

Zusammenfassung in Stichpunkten

GRIN Verlag

Bibliografische Information der Deutschen Nationalbibliothek:

Die Deutsche Bibliothek verzeichnet diese Publikation in der Deutschen National-
bibliografie; detaillierte bibliografische Daten sind im Internet über http://dnb.d-
nb.de/ abrufbar.

Impressum:

Copyright © 2010 GRIN Verlag GmbH
Druck und Bindung: Books on Demand GmbH, Norderstedt Germany
ISBN: 978-3-656-71892-5

Dieses Buch bei GRIN:

http://www.grin.com/de/e-book/278105/theorien-der-erziehung-bildung-und-
sozialisation

GRIN - Your knowledge has value

Der GRIN Verlag publiziert seit 1998 wissenschaftliche Arbeiten von Studenten, Hochschullehrern und anderen Akademikern als eBook und gedrucktes Buch. Die Verlagswebsite www.grin.com ist die ideale Plattform zur Veröffentlichung von Hausarbeiten, Abschlussarbeiten, wissenschaftlichen Aufsätzen, Dissertationen und Fachbüchern.

Besuchen Sie uns im Internet:

http://www.grin.com/

http://www.facebook.com/grincom

http://www.twitter.com/grin_com

Vorlesung 1 - Sozialisation Teil 1/3

- *Sozialisation:* „Prozess der Entstehung und Entwicklung der Persönlichkeit in wechselseitiger Abhängigkeit von der gesellschaftlich vermittelten sozialen und materiellen Umwelt."

- *Persönlichkeit*: „Spezifisches Gefüge von Merkmalen, Eigenschaften, Einstellungen und Handlungskompetenzen, das einen einzelnen Menschen kennzeichnet."

2. Modell der Sozialisation nach Klaus Hurrelmann in 7 Thesen

1. These: „Sozialisation (Persönlichkeitsentwicklung) vollzieht sich in einem Wechselspiel von Anlage und Umwelt."

2. These: „Sozialisation ist der Prozess der Persönlichkeitsentwicklung in wechselseitiger Abhängigkeit von körperlichen und psychischen Grundstrukturen und den sozialen und physikalischen Umweltbedingungen"

==> Innere und äußere Realität bestimmt Persönlichkeitsentwicklung

3. These: „Sozialisation ist der Prozess der dynamischen und ‚produktiven' Verarbeitung der inneren und äußeren Realität"

- Produktiv: beschreibend, Verarbeitung der inneren und äußeren Realität als aktive „agentische" Prozesse, jedes Individuum verarbeitet diese Realität anders, von jeweiligen Bedürfnissen und Kompetenzen abhängig

4. These: „Eine gelingende Persönlichkeitsentwicklung setzt eine den individuellen Anlagen angemessene soziale und materielle Umwelt voraus. Die wichtigsten Vermittler hierfür sind Familien, Kindergärten, und Schulen als Sozialisationsinstanzen."

5. These: Neben den genannten Sozialisationsinstanzen haben „auch andere soziale Organisationen und Systeme, die in erster Linie Funktionen für Arbeit, Freizeit, Unterhaltung und soziale Kontrolle erbringen" Einfluss.

Sozialisationsinstanzen

- Primäre: Familie, Verwandtschaft, Freunde
- Sekundäre: Kindergarten, Schule, Bildungseinrichtung
- Tertiäre: Freizeitorganisation, Medien, Peers

==> **unerlässliche für erfolgreiche Persönlichkeitsentwicklung**

6. These: „Die Persönlichkeitsentwicklung besteht lebenslang aus einer nach Lebensphasen spezifischen Bewältigung von Entwicklungsaufgaben."

Was sind Entwicklungsaufgaben?

- Aufgaben, die jedes Leben bestimmen und an der man scheitern oder wachsen kann
- Aufgabe innerhalb eines bestimmten Lebensabschnittes
- Bewältigung dieser führt zu Lebensglück und vereinfacht Lösen nachfolgender
- Scheitern führt zu Unglückseligkeit und gesellschaftlicher Ächtung, erschwert Bewältigung zukünftiger Aufgaben
- E. erwachsen durch:
  1. körperliche Reifungsprozesse
  2. gesellschaftliche und kulturelle Zwänge
  3. aus den Wünschen, Ansprüchen und Werten der Persönlichkeit

==> meistens: alle 3 Faktoren

Entwicklungsaufgaben über die Lebensspanne

- Säuglingsalter: Gehen lernen, beginnende Sprachentwicklung
- Kindheit: Erwerb der Geschlechtsrolle, Lernen von sozialer Kooperation
- Pubertät/ Adoleszenz: Akzeptieren der körperlichen Reifung, Gestalten von Peer-Beziehungen

Entwicklungsaufgabe Schule

- Heute zentrale Entwicklungsaufgabe
- produktive Umgang mit den Möglichkeiten und Chancen der Schule

==> je höher der Bildungsabschluss, desto größere Chancen beruflich erfolgreich zu sein

7. These: „Ein reflektiertes Selbstbild und die Entwicklung einer Ich- Identität sind die Voraussetzung für ein autonom handlungsfähiges Subjekt und eine gesunde Persönlichkeitsentwicklung.

Lässt sich Identität nicht herstellen, kommt es zu Störungen der Entwicklung im körperlichen, psychischen und sozialen Bereich."

Der Begriff der Identität

- Gesamtheit aller Vorstellungen, die ein Mensch von sich selbst hat
- situative und zeitliche „Sich-Selbst-Gleichsein"
- Anerkennung und Kontinuität der eigenen sozialen Rolle und Stellung innerhalb der Gemeinschaft

Identitätsarbeit
- Identität ist nicht kontinuierlich, sondern an ihr muss ständig gearbeitet werden
- „Inneres und äußeres Gleichgewicht erhalten"
- Identität kein Ergebnis bzw. Schlusspunkt, sondern fortlaufender Konstruktionsprozess

Stufen der Identitätsentwicklung nach Erikson

- Säuglingsalter: Urvertrauen (vs. Misstrauen): „Ich bin, was man mir gibt."
- Kleinkindalter: Autonomie vs. Scham und Zweifel: „Ich bin, was ich will.
- Spielalter: Initiative vs. Schuldgefühl: „Ich bin, was ich mir zu werden vorstellen kann."
- Schulalter: Werksinn vs. Minderwertigkeitsgefühl „Ich bin, was ich lerne"
- Adoleszenz: Identität vs. Identitätsdiffusion

Vorlesung 2 - Sozialisation Teil 2/3

Soziale Vererbung von Bildung
- Starke Tendenz zu sozialer Vererbung: Je „niedriger" der Bildungsabschluss der Kinder, je „geringer" die Chance dieser „höheren" zu erlangen

Kulturelle Transferbeziehungen
- Die retroaktive Perspektive (Sozialisation): der kulturelle Transfer von der Eltern- auf die Kindergeneration

==> Kulturelles Kapital der Eltern (Bildung) = Kulturelles Kapital der Kinder

Transferbeziehungen in beide Richtungen

Postfigurative Familien

- Kultureller Transfer von Eltern in Richtung Kinder überwiegt
- ausgeprägtes Transfergefälle zwischen älterer und jüngerer Generation
- kulturelles Wissen der Älteren beeinflusst jenes der jüngeren Generation maßgeblich

Ko- und präfigurative Familien
- kultureller Transfer erfolgt zwischen Generationen wechselseitig
- beeinflussen sich gegenseitig
- geringes Transfergefälle zwischen älterer und jüngerer Generation

Vorlesung 3 - Sozialisation Teil 3/3

Der Habitus als praxisgenerierendes Schema - Wie wirkt sich der Habitus auf Lebenspraxis aus?

- System von dauerhaften organischen und mentalen Dispositionen
- Grundlage für Denken und Handeln
- Verhaltensweise, Gewohnheiten
- Gewohnheiten aller Art im Habitus zu „stilistischer Einheit" zusammengebunden
- Einheit stets aufrechterhalten, Habitus ermöglicht konsistente und zusammenhängende Aufgabenbewältigung

Der Soziale Raum

- Ökonomisches Kapital: Geld und Eigentum beschreibbaren Machtmittel

- Kulturelles Kapital: Zugang zu bzw. den Besitz von legitimer Kultur = Bildungstitel, kulturelles Wissen

- Soziales Kapital: Machtmittel, die sich aus der Ressourcennutzung sozialer Beziehungen

- Sozialer Raum spannt entlang der Dimension „Kapitalvolumen"
  ==> Gesamtmenge des ökonomischen, kulturellen und sozialen Kapitals
- Kapitalstruktur: dem Verhältnis der Kapitalart in Relation zum Volumen
- individual-, gruppen- wie klassenbiografischen Entwicklung des Volumens und der Struktur des Kapitals

- Stelle vor: *Würfel* mit allen 3 Dimensionen

Der Habitus als generiertes Schema + generierendes Schema!!!
- Individuum in Kultur einer bestimmen sozialen Klasse „einsozialisiert"
- Verschiedenste erworbene Habitusformen
- Habitusform auf Lebenslage eingestellt, Habitusform passt zu sozialer Herkunft
- Habitusformen spiegeln sich in den habitualisierten Handlungs-, Wahrnehmungs- und Denkmustern die objektiven Existenzbedingungen wider (==> Homologieprinzip)

Vorlesung 4: Erziehung, Pädagogisches Handeln und Bildung

1. Handeln
- Subjekt handelt (inneres und äußeres Tun, dulden und unterlassen), wenn der Handelnde dies mit einem subjektiven Sinn verbindet

2. Soziales Handeln
- Subjektiver Sinn des Handelnden, der auf das Verhalten anderer bezogen wird und daran in seinem Ablauf orientiert ist.

3. Bestimmungsgründe sozialen [pädagogischen] Handelns

1. *Zweckrational*: Durch Erwartungen des Verhaltens von Gegenständen und Subjekten der Außenwelt beeinflusstes Verhalten als „Bedingung" oder „Mittel" zum Erreichen eigener „als Erfolg angestrebter", rationaler Ziele.
- „Ziel- /Zweckorientiertes Handeln/Verhalten"

2. *Wertrational*: Durch Glauben an den Eigenwert bestimmtes Verhalten, ohne Beachtung vom Erfolg des Verhaltens
- „Wertorientiertes Handeln/Verhalten"

3. *Affektuell*: Durch Emotionen und Gefühlslagen bestimmtes Handeln.
- „Gefühlsorientiertes Handeln/Verhalten"

4. *Traditionell*: Handeln nach eingelebten Gewohnheiten.
- „Gewohnheitsorientiertes Handeln/Verhalten"

==> Bezug auf spezifische Handlungsfelder mit sinnhaften Regelmäßigkeiten

Der soziale „Sinn" im Pädagogischen
- „Alle sorgenden Verhältnisse" zwischen lebenden Generationen, fokussiert auf Bereiche Bildung, Unterricht, Erziehung oder soziale Hilfe.

- Generationenverhältnis hierbei konstitutiv; andere Seite des Verhältnisses bezieht eine Seite stellvertretend in das gesellschaftliche System mit ein ==> Inklusion
- Hauptbegriffe der Pädagogik: Sorge und Inklusion

Was ist Sorge? Was umfasst Sorge? Gibt es weitere Codes des pädagogischen Feldes?

‚sich kümmern'
- Verantwortung für andere übernehmen
- Wohl/Wohlergehen/Wohlbefinden
- Fürsorge/Vorsorge
- Erfahrungsweitergabe
- Jemanden etwas Gutes tun
- Sorge basiert auf emotionaler Bindung
- Nächstenliebe/Mitgefühl
- Sorge zu emotional für eine Institution wie die Schule
- Behüten, schützen, unterstützen

Was ist Erziehung?

- Notwendigkeit von Gesellschaften „Bestand an kollektiven Gütern – materiell wie ideal – zu sichern"
- Diese werden in Aneignungs- und Vermittlungsprozessen organsiert.
- Reaktion auf „Entwicklungstatsache"= Tatsache, dass körperliche und geistige Reifung bei Geburt nicht abgeschlossen
- Generationenverhältnis: Weitergabe der älteren und die jüngere Generation
- Ausdifferenzierte Gesellschaft, Notwendigkeit zur Systematisierung von Aneignungs- und Vermittlungsprozessen (Wissenschaft) ==> Entwicklung „Theorie der Erziehung" als Grundlage pädagogischen Handelns

Was ist pädagogisches Handeln? – Versuch einer Definition.
- Auf systematischer Wissensbasis,
- zielgerichtetes
- wertorientiertes
- interaktives
- soziales Handeln, welches auf eine wünschenswerte soziale, intellektuelle und körperliche Entwicklung anderer (z. B. Heranwachsende) zielt.

Antinomien (logische Widersprüche) pädagogischen Handelns:
- Autonomien vs. Verbundenheit (Freiheit vs. Zwang)

- Organisation und Interaktion
- Kulturelle Pluralisierung
- Nähe und Distanz
- Natur vs. Disziplinierung
- Allgemeinbildung vs. soziale Brauchbarkeit

Was ist Lernen? Was ist Bildung?
- Lernprozesse: „Erwerb funktional abrufbaren Wissens und Könnens, welche für identitätsstiftende Selbst- und Weltverständnis von Individuen irrelevant ist."
- Bildungsprozesse verändern Grundstrukturen des individuellen Selbst- und Weltverständnisses
- Bildung = Subjektbildung
- Bildung nicht allein nach „ökonomischer Brauchbarkeit" bewertbar

Was ist Bildung? Der Begriff der Subjektbildung

- Ziel der Subjektbildung: Einzelner setzen sich mit demokratischen und menschenrechtlichen Prinzipien, mit fremdenfeindlichen und rassistischen Ideologemen auseinander und erkennen die Möglichkeiten und Schwierigkeiten der Entwicklung eines verantwortlichen Lebensentwurfs unter den Bedingungen der Gegenwartsgesellschaft.

Vorlesung 5 - Familie als Sozialisationsraum I

Frage A: Haben heute nur noch weniger als 20% der Jungendlichen ein Vorbild?

→ Falsch, über 50%.

Frage B: Welche sind die 2 am häufigsten genannten Vorbilder für Jungen?

→ Sportler, Vater

Frage C: Welche sind die 2 am häufigsten genannten Vorbilder für Mädchen?
→ Mutter, Sängerin

- Vorbilder für Jugendliche sind heute durch Massenmedien und fortschreitende Globalisierung immer stärker aus der Fernwelt.

Frage D: Wenn man mit früheren Jahrzehnten vergleicht, ,erleben' heute immer mehr Kinder und Jugendliche ihre Großeltern immer längere (Lebens-) Zeit. Stimmt das?

→ Ja, das stimmt, aufgrund des demografischen Wandels

Frage E/F: Worauf würden Jungen/Mädchen stolz sein, wenn sie zwei der genannten Ziele erreichen würden? Nennen sie die zwei am häufigsten gewählten Ziele.

→Jungen: Beruf, Familie, Materielles, Bildung
→ Mädchen: Beruf, Familie, Bildung, Materielles

Frage G: Wie viel Prozent aller Kinder wachsen dauerhaft als Einzelkinder auf?

→ ca. 10-15 %

Frage H: Wie hoch ist der Prozentsatz von Kindern und Jugendlichen, die später ihre eigenen Kinder genauso oder zumindest ähnlich erziehen wollen, wie sie von ihren eigenen Eltern erzogen werden (bzw. worden sind)?
→ ca. 70 %
Frage I: Wie hoch ist der Anteil der Befragten, die angegeben haben, ihre Beziehung zu den Eltern sei bestens?
→ ca. 30-40 %

Frage J: Wie hoch ist der Anteil der 15-17jährigen Jugendlichen, die später selbst Kinder haben wollen?
→ ca. 60%

Frage K: Wie viel Prozent der 16- bis 18-Jährigen glauben, dass ihnen ihre Mutter sehr guten Rat geben kann, wenn es ihnen schlecht geht und sie nicht wissen wie es weitergehen soll?
→ ca. 80%

Vorlesung 7 – Soziale Ungleichheit und Bildung – Die biografische Perspektive

Der Lebenslauf:
- sequentieller Ablauf von Ereignissen im Leben
- orientiert sich an Struktur verschiedener Institutionen und Funktionsbereiche der Gesellschaft
- Ordnungskriterien sind Lebensalter des Individuums und zeitliche Organisation von Übergängen (Institutionen)
- Objektive, institutionelle Angebote
- Dokumentation einer objektiven Ereigniskette

Die Biografie:
- Interpretation und Rekonstruktion von Ereignissen im Leben
  → Zusammenhängende Lebensgeschichte
- Biografie ist „Gesellschaftlichkeit und Subjektivität in einem"

- Die Biografieforschung beschäftigt sich mit dem Umgang von Individuen mit den Strukturen, die sie herausfordern, benutzen, sich aneignen, variieren, abwandeln, unterlaufen, sich ihnen widersetzen, und an ihn Scheitern.

- Berufliche Lebenswünsche: *„Was ich werden will"*
- Objektive gesellschaftliche Voraussetzungen und Zugänge: *„Was ich erreichen kann"*
- Und: *„Was ich daraus mache und wie ich das bewerte"*
- Was ich werden will: Bildungsaspirationen

Angestrebter Schulabschluss von 13-18jährigen 1991-2001
- 1991: ca. 20% Hauptschulabschluss, ca. 50 % Abitur
- 1996: ca. 12% Hauptschulabschluss, ca. 50 % Abitur
- 2001: ca. 5% Hauptschulabschluss, ca. 65 % Abitur
  ==> Jugendliche heutzutage so ambitioniert wie nie zuvor

Anteil der HauptschülerInnen, die einen bestimmten Schulabschluss anstreben, NRW (2001)

- 7. Klasse: 18% Hauptschulabschluss, 40 % Realabschluss, 30 % Abitur
- 8. Klasse: 18% Hauptschulabschluss, 52 % Realabschluss, 26 % Abitur
- 9. Klasse: 25% Hauptschulabschluss, 44 % Realabschluss, 27 % Abitur
- 10. Klasse: 20% Hauptschulabschluss, 42 % Realabschluss, 35 % Abitur

==> mit zunehmenden Alter steigen die Ambitionen der Schüler einen höheren Bildungsabschluss zu erreichen

Anteil der SchülerInnen, die einen bestimmten Schulabschluss anstreben, NRW 2001

Realschüler: Mittlere Reife
- 7. Klasse: 31%
- 8. Klasse: 40%
- 9. Klasse: 48%
- 10. Klasse: 44%

Realschüler: (Fach-) Hochschulreife
- 7. Klasse: 60%
- 8. Klasse: 52%
- 9. Klasse: 46%
- 10. Klasse: 41%

Gesamtschüler: Abitur
- 7. Klasse: 61%
- 8. Klasse: 60%
- 9. Klasse: 50%
- 10. Klasse: 47%
- 11. Klasse: 96%
- 12. Klasse: 90%

Gymnasiasten: Abitur
- 7. Klasse: 96%
- 8. Klasse: 96%
- 9. Klasse: 94%
- 10. Klasse: 96%
- 11. Klasse: 97%
- 12. Klasse: 99%

Zugänge zu Bildung (entscheidende Faktoren)
- Lernumwelt
- Eltern(teil) mit Abitur

Selbstkonzept
- Eigenschaften, Vorstellungen und Einstellungen des Subjekts
- Bild von sich selbst
- Verschiedene Dimensionen (Selbstwertgefühl, Erfolgszuversicht, Selbstwirksamkeit, Kontrollverlust, Leistungsängstlichkeit und Hilflosigkeit)

Selbstkonzept und Schule
- Schule großen Einfluss auf dieses
- Vergleich Selbstkonzept von guten und schwächeren Schülern
- „Spitzenschüler" → insgesamt wesentlich höher als bei „Misserfolgsschülern"
- Die schulische Erfahrungsgeschichte geht tief und „schlägt sich in allen relevante Dimensionen des Selbstbildes nieder, ist somit mit Leistungsangst und somatischer Belastung, sogar mit größerer Tendenz zu depressiven Verstimmungen verbunden."

Was kann ich erreichen?
==> Positive signifikante Lernerfahrungen gehören klar zu den Erfolgsfaktoren für eine erfolgreiche Schullaufbahn

Vorlesung 8 – Schule als Sozialisationsraum: vom Leben, Leiden und Lernen in der Schule

a) Vom Leben in der Schule

Was gefällt an der Schule
- Freunde in der Schule
- Gute Klassengemeinschaft
- Ich treffe viele Leute

Was gefällt Dir am nicht Schulleben? - nach Altersgruppen
- 10-12 Jahre: Zu viele Hausaufgaben, langweiliger Unterricht, Leistungsdruck
- 13-15 Jahre: Zu viele Hausaufgaben, langweiliger Unterricht, Leistungsdruck
- 16-18 Jahre: Langweiliger Unterricht, Leistungsdruck, Zu viele Hausaufgaben

Verhältnis zu Klassenkameraden (Klassenklima)
- Zusammenhalt
- Konkurrenz

Kollektive SchülerInnenstrategien

- SchülerInnenstrategien sind Rezepte, wie man „gut durch die Schule kommt":
- Akteursperspektive der SchülerInnen
- Innenansicht der Institution Schule (Hinweise auf die Qualität der Institution)
- Handlungsleitend
- Strategien sind Teil/Ausdruck eines – gemeinsamen – (schulischen) Erfahrungshintergrundes

Strategien mit der größten Zustimmung
- „Die Schule ernst nehmen"
- „Deine eigene Meinung vertreten"
- „Immer die Hausaufgaben machen"
- „Im Unterricht aufpassen"
- „Regelmäßig lernen"

Strategien mit der geringsten Zustimmung
- „Den Lehrern immer recht geben"
- „Bei Klassenarbeiten ruhig mal schummeln"
- „Dem Lehrer aus dem Weg gehen"

- „Dich nicht wehren"

Faktorenstruktur
- Lernarbeit
- Beziehungsarbeit
- Selbstbehauptung

Faktorenstruktur nach Klassenstufen
- Lernarbeit
  4. Klasse 4,5; 5./6. Klasse 4,5; 7./8. Klasse 4,2; 9./10. Klasse 4,0;
  Oberstufe 4,2
- Beziehungsarbeit
  4. Klasse 3,9; 5./6. Klasse 3,9; 7./8. Klasse 3,7; 9./10. Klasse 3,5;
  Oberstufe 3,7
- Selbstbehauptung
  4. Klasse 3,5; 5./6. Klasse 3,8; 7./8. Klasse 4,1; 9./10. Klasse 4,2;
  Oberstufe 4,3

b) Vom Leiden in der Schule
- **Klassenklima**
- **ungerechte LehrerInnen**
- **Leistungsdruck**

Opfer mit Gewalterfahrung
- 1 Bereich; männl. 72%, weibl. 58%
- 2 Bereiche; männl. 18%, weibl. 26%
- 3 Bereiche; männl. 7%, weibl. 9%
- 4 Bereiche; männl. 3%, weibl. 7%

c) Vom Lernen in der Schule
- **Bildungsambitionen**
- **Lernfreude**
- **Schulfreude**

Bildungsambitionen (13-18jährige)
- 1991: 20% Hauptschule, 50% Hochschulreife
- 1996: 11 % Hauptschule, 50 % Hochschulreife
- 2001: 5 % Hauptschule, 66 % Hochschulreife

==> Tendenz zu wesentlichen höheren Bildungsambitionen der SuS

Lernfreude
- Lernfreude ==> Abnahme mit zunehmenden Alter

- Schulfreude ==> in Grundschule am höchsten, danach abfallend, aber in etwa gleichbleibend

Vorlesung 10 Ganztagsbildung – Ganztagsschulen in Deutschland

1. Wofür Ganztagsschulen?
- Bildungspolitische Argumente
  ==> Wissensgesellschaft, PISA-Schock
- Jugendpolitische Argumente
  ==> sozialer Integrationsbedarf, Veränderung der Lebenswelten
- Familienpolitische Argumente
  ==> Vereinbarkeit von Erwerbstätigkeit und Familie, Erosion der Familie, Zunahme von Einelternfamilien, Reduzierung der Verschulung der Familie
- Arbeitsmarktspolitische Argumente
  ==> Ausschöpfung des kreativen Arbeitskräftepotenzials

Risiken durch Ganztagsschulen?
- Ausdehnung einer ‚Veranstaltung', die Bildung geradezu verhindert
- Entfunktionalisierung der Familie (Rückgang elterlicher Fördermöglichkeiten)
- Ideologieverdacht kollektiver Erziehung
- Zunahme sozialer Segregationstendenzen
- Verringerung der frei von den Kindern und Jugendlichen planbaren Zeit

2. Was ist eine Ganztagsschule? – Mindestanforderungen im Rahmen des „Investitionsprogrammes Zukunft Bildung und Betreuung"

- An drei bis vier Wochentagen bis mindestens 16 Uhr geöffnet
- Schule verfügt über pädagogisches Konzept

Weitere Anforderungen des Kultusministeriums
- Warme Mittagsmahlzeit für Kinder und Jugendliche
- Nachmittagsangebote unter Aufsicht der Schulleitung
- Nachmittagsangebote in konzeptionellen Zusammenhang mit Unterricht am Vormittag

Elemente des pädagogischen Konzepts aus der Sicht des BMBF
- Individuelle Förderung
- Pädagogik der Vielfalt, die konsequent die unterschiedlichen Lernprämissen der SuS (also Heterogenität) berücksichtigt

- Veränderung von Unterricht und Lernkultur durch Verknüpfung von Unterricht, Zusatzangeboten und Freizeit durch Lösen zum 45minütigen Takt um Raum für eigene Projekte zu erhalten
- „Soziales Lernen", die über Altersgruppen hinweg das Leben in der Schülergemeinschaft durch respektvollen Umgang vereinfacht und soziale Kompetenz fördert
- Partizipation durch verbesserte Möglichkeiten der Mitentscheidung, Mitgestaltung und Mitverantwortung von Eltern und SuS
- Öffnung von Schule durch Kooperation mit Kinder- und Jugendhilfe, sozialen und kulturellen Einrichtungen
- Einbeziehung außerschulischer Angebote zur kreativen Freizeitgestaltung wie Sportvereine, Musikschulen...
- Qualifizierung des Personals durch entsprechende Weiterbildungen

Formen von Ganztagsschulen

- Offen: Einzelne Schüler nehmen auf Wunsch an Angeboten teil, Freiwilligkeit
- Halboffen: Verpflichtendes Nachmittagsprogramm für einzelne, bestimmte Klassenstufen
- Geschlossen: Alle Schüler nehmen verpflichtend am Nachmittagsprogramm teil

==> Seit 2002 allgemein steigender Anteil von Ganztagsschulen bei allen Schulform, v. a. bei Integrativen Gesamtschulen

==> 2008: Anteil von Ganztagsschulen bei Grundschulen, Hauptschulen und Gymnasien ca. 30 %; Tendenz steigend
==> 2008: über 75 % der Integrierten Gesamtschulen als Ganztagsschulen

Brennpunkte der GTS

- Personal: Ausbildung, Innovation, Kooperation, Arbeitszeitmodelle etc. (fehlende Qualifikationen des Fachpersonals, bzw. Mangel an geeignetem Personal)
- GTS und Chancengleichheit
- Wirkung von GTS (Einfluss auf Privatleben der SuS, Kollektive Volkserziehung?)
- Bildungsqualität der außerunterrichtlichen Angebote (fehlende Standardisierung, bzw. Orientierung an Standards und Konzepten, Lehrplänen)

Die außerunterrichtlichen Angebote

- Von Erwachsenen konzipierte, pädagogische Settings
- Unter Aufsicht und Verantwortung der Schule stehend

- Fokussiert auf unterschiedlichste Lernziele:
- Unterschiede zu Fachunterricht jedoch:
1. Personen unterrichten, welche über kein Lehramtsstudium verfügen
2. Keine Leistungsbewertung durch Noten
3. Altersgemischte Gruppen
4. Wenn „offene" Ganztagsschule, nur Teil der SuS erreichbar
5. Keinen curricularen Vorgaben unterliegend

==> Soziale Beziehungsqualität der SuS insgesamt positiv, zu Betreuern etwas besser als zu Lehrern

Befunde der Ganztagsschule

- Ganztagsschule erfährt eine breite Akzeptanz.
- Im Sekundarbereich ist eine ausgewogene Beteiligung aller sozialen Schichten erreicht, in der Primarstufe nehmen Kinder aus sozial besser gestellten Familien etwas häufiger teil. Kinder mit Migrationshintergrund sind im Primarbereich noch etwas weniger repräsentiert als Kinder ohne Migrationshintergrund.
- Kinder nehmen eher am Ganztagsangebot teil, wenn ihre Eltern beide erwerbstätig sind und wenn Schulen ein flexibles Angebot an Ganztagsplätzen vorhalten

Individuelle Wirkungen der Ganztagsteilnahme

- Dauerhafte Teilnahme verringert das Risiko für Klassenwiederholungen.
- Dauerhafte Teilnahme verringert problematisches Sozialverhalten.
- Dauerhafte Teilnahme verbessert *bei hoher Schulqualität, z.B. differenzierten Lehrmethoden,* die Schulnoten
- Wirkungen auf die Entwicklung von Schulnoten, Motivation und Schulfreude der Schüler/-innen sind abhängig von Angebotsqualität und Regelmäßigkeit der Teilnahme.

Entwicklung von Schulnoten

Die Noten in den Kernfächern entwickeln sich günstiger:
- wenn die Intensität der Ganztagsteilnahme dauerhaft mindestens drei Tage pro Woche beträgt.
- wenn die Schüler/-innen sich in den Angeboten herausgefordert fühlen und sich aktiv beteiligen können (=hohe Angebotsqualität).
- wenn in der Schule insgesamt die Schüler-Betreuer-Beziehung in den Angeboten positiv wahrgenommen wird.

Ganztagsschule und Familie
- Ganztagsschule erleichtert die Vereinbarkeit von Beruf und Familie.
- Eltern fühlen sich durch die Ganztagsschule entlastet.
- Das gilt besonders für Familien mit niedrigerem sozioökonomischen Status.
- Das Familienklima entwickelt sich positiver, wenn Kinder regelmäßig die Ganztagsschule besuchen.

Wichtige Kooperationspartner
- Sport
- Kinder- und Jugendhilfe
- Kulturelle Bildung

Personalverhältnis im Ganztagsbetrieb
- In Grundschulen ist vor allem externes Personal am Ganztagsbetrieb beteiligt
- Im Sekundarbereich sind vor allem Lehrkräfte am Ganztagsbetrieb beteiligt